AF340818

UN
BOUQUINISTE
PARISIEN

LE PÈRE LÉCUREUX

PAR

ALEXANDRE PIEDAGNEL

Frontispice à l'eau-forte, composé et gravé

PAR

MAXIME LALANNE

PARIS

LIBRAIRIE ANCIENNE ET MODERNE

ÉDOUARD ROUVEYRE

1, Rue des Saints-Pères, 1

M DCCCLXXVIII

UN
BOUQUINISTE
PARISIEN

LE PÈRE LÉCUREUX

PAR

ALEXANDRE PIEDAGNEL

Frontispice à l'eau-forte, dessiné et gravé

PAR

MAXIME LALANNE

PARIS

LIBRAIRIE ANCIENNE ET MODERNE

EDOUARD ROUVEYRE

1, Rue des Saints-Pères, 1

M DCCC LXXVIII

UN

BOUQUINISTE PARISIEN

Exemplaire N° 55-

JUSTIFICATION DU TIRAGE:

4 exemplaires sur parchemin, numérotés, de 1 à 4
6 — papier du Japon, — 5 à 10
10 — papier de Chine, — 11 à 20
30 — papier Turkey Mill, — 21 à 50
450 — papier vergé de Hollande, — 51 à 500

———

Dix exemplaires, tirés sur papiers de différentes couleurs, n'ont pas été mis dans le commerce.

BOUQUINISTE

LE 7

ALEXANDRE PRIVAT

Frontispice

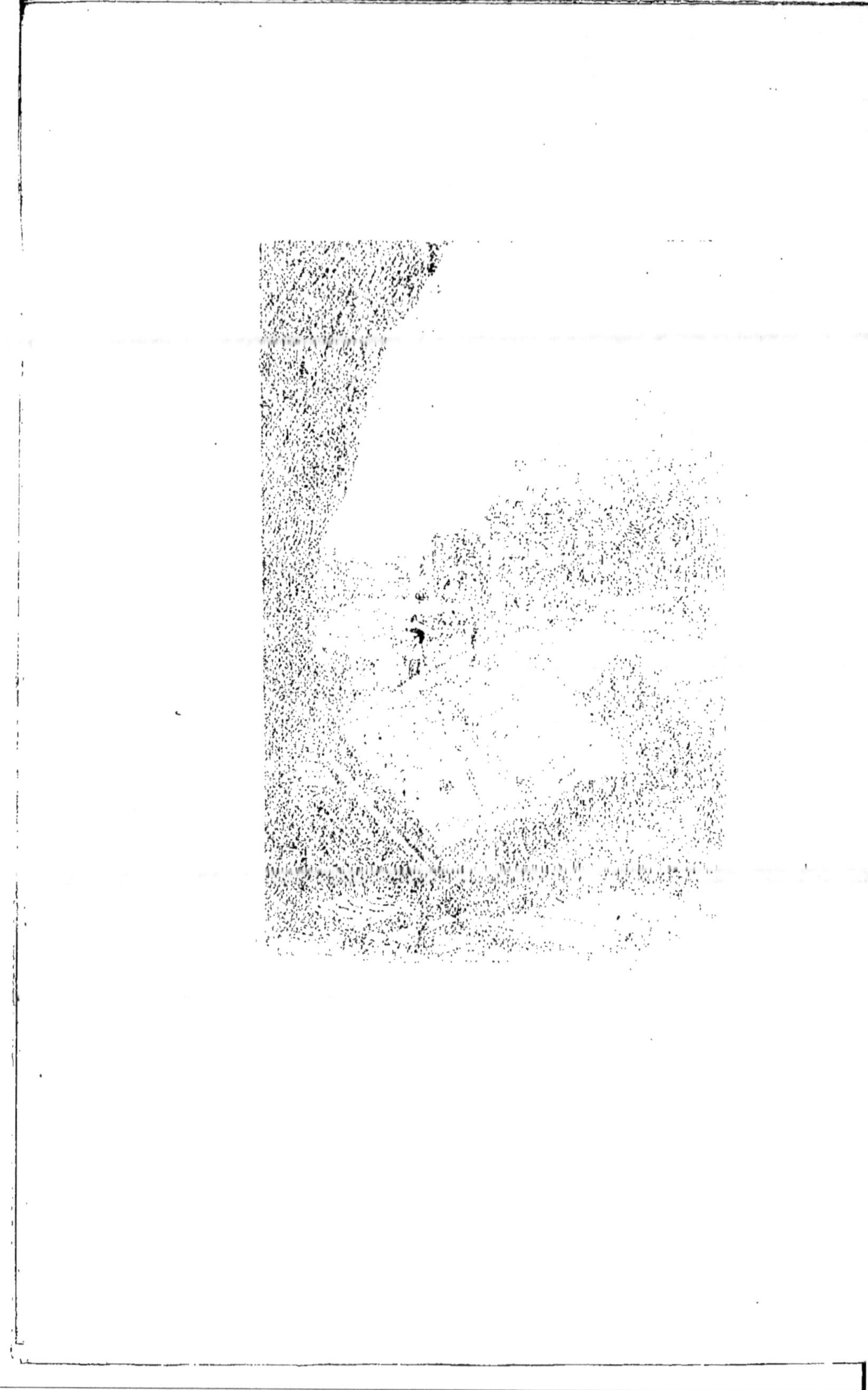

UN
BOUQUINISTE

PARISIEN

LE PÈRE LÉCUREUX

PAR

ALEXANDRE PIEDAGNEL

Frontispice à l'eau-forte, composé et gravé

PAR

MAXIME LALANNE

PARIS

LIBRAIRIE ANCIENNE ET MODERNE

ÉDOUARD ROUVEYRE

1, Rue des Saints-Pères, 1

M DCCC LXXVIII

LES

JOIES DU BIBLIOPHILE

NOTE DE L'ÉDITEUR

—

M. Piedagnel a bien voulu nous autoriser à placer, en
tête de son étude inédite sur le *Père Lécureux*, ces pages
extraites de la nouvelle édition du livre qu'il a consacré à
son illustre maître et ami Jules Janin.

'AMOUR *des livres, cet amour
pur, ardent, fécond, durable et
sans mécomptes, a été célébré
par Jules Janin, en toute occasion, avec le plus séduisant enthousiasme.
Il possédait de si précieux volumes, et il
les aimait tant! Jamais, à coup sûr, aucun
écrivain ne fut mieux pénétré — ni mieux
entouré — de son sujet favori, et ne donna,
par sa vie tout entière, plus éloquemment
raison au mot si connu de Ménage, en*

l'honneur du charmant dada *des biblio-philes :* « *C'est la passion des honnêtes gens !* »

Quoi de meilleur, en effet, qu'un bon livre pour la nourriture et la joie de l'es-prit ? En le lisant, aux heures de fatigue morale, on se sent réconforté, on oublie ses déceptions, ses ennuis ; le calme bienfaisant peu à peu renaît au fond de l'âme, l'œil s'éclaire, le front se déride, et le sourire bientôt refleurit sur les lèvres.

Lorsque, chassées par la bise, les der-nières feuilles flétries se sont éparpillées, en tournoyant et gémissant, dans les allées désertes du jardin ; durant les veillées de décembre, tandis que le vent rôde et pleure,

S'engouffrant tristement dans les longs corridors,

n'est-il pas agréable et salutaire à la fois de relire un vrai livre, en face des tisons rougis qui craquent et pétillent, — tout en

écoutant la chanson de la bouilloire ou
celle du grillon familier ?... Et, certes,
l'été, sous un ombreux feuillage, au bruit
léger du ruisseau murmurant, le plaisir
n'est pas moindre pour le lecteur attentif
et fidèle; mieux que jamais, au contraire,
il apprécie tout le bonheur de vivre!

Quelles douces surprises, quelles fêtes
intimes, que d'émotions délicieuses on
éprouve en ouvrant un beau volume du
temps jadis, du XVIIIe siècle, par exemple
(le siècle des élégances)! La reliure pleine,
en veau fauve ou en maroquin à larges
dentelles, les tranches rouges ou dorées,
le papier de Hollande, les caractères elzéviriens, les figures de Gravelot, de Mo-
reau, de Bernard Picart le Romain, ou les
vignettes d'Eisen, si délicates et si spiri-
tuelles, vous ravissent tour à tour. On croit
voir l'heureux auteur de cet ouvrage cente-
naire, ou, s'il s'agit de la réimpression
d'un classique, le patient lettré qui a enri-
chi l'édition de notes ingénieuses, de com-

mentaires excellents; on songe à ses recherches, à ses efforts, à sa persévérance; on se représente sa joie en découvrant soudain un fait inédit, un détail curieux; puis on s'incline par la pensée devant l'habile graveur qui a prodigué à son œuvre exquise tant de soins intelligents et passionnés. Le premier possesseur du livre vous apparaît, lui aussi, tout glorieux d'être le maître absolu d'un si bel exemplaire, le feuilletant avec respect, avec admiration, le savourant en quelque sorte, et demandant à ce compagnon docile l'oubli de ses chagrins de la veille et de ses soucis du lendemain!...

Mais écoutez plutôt Jules Janin lui-même parler des livres, avec une autorité incontestable, avec un charme infini ·*

---

* *Nous avons glané les délicieux fragments qui suivent dans l'Amour des Livres, une plaquette devenue introuvable. Ce coquet petit volume (64 pages in-12), publié chez J. Miard, en 1866, a été tiré à 200 exemplaires sur papier vergé, avec titre rouge et noir. Son prix primitif*

*O chefs-d'œuvre! beautés! grâces! consolations!
sagesse! O livres, nos amis, nos guides, nos conseils,
nos gloires, nos confesseurs! On les étudie, on les
aime, on les honore... Et, de même que, les anciens
posaient dans un coin de leur chambre un petit autel
paré de verveine, et sur cet autel domestique un dieu
familier, le vrai bibliophile ornera sa maison de ces
belles choses...*

*Qu'il rentre en son logis, ou qu'il en sorte, il donne
un coup d'œil à ses dieux favorables. Il les reconnaît
d'un sourire; il les salue en toute reconnaissance, en
tout respect. Il s'honore aussi de ces amitiés illustres,
il s'en vante!*

*Les livres ont encore cela d'utile et de rare : ils
nous lient d'emblée avec les plus honnêtes gens ; ils
sont la conversation des esprits les plus distingués,
l'ambition des âmes candides, le rêve ingénu des philosophes dans toutes les parties du monde; parfois
même ils donnent la renommée, une renommée impéris-
sable, à des hommes qui seraient parfaitement inconnus sans leurs livres. Ils ajoutent même à la gloire
acceptée !*

---

*était de 3 francs ; on en a vendu des exemplaires, brochés,
plus de 60 francs.*

*En tête de celui qui nous appartient, et que nous conser-
verons toujours précieusement, Jules Janin a écrit ce
distique :*

> *Lorsque chacun sur mon livre hésitait,*
> *Piedagnel hardiment l'achetait !*

*Au catalogue de ses livres, on connaît un homme !
Il est là dans sa sincérité. Voilà son rêve... et voilà
ses amours !*

*« Accordez-moi, Seigneur, disait un ancien, une
maison pleine de livres, un jardin plein de fleurs ! »
Voulez-vous, disait-il encore, un abrégé de toutes les
misères humaines, regardez un malheureux qui vend
ses livres !* Bibliothecam vendat... *Nous autres, les
bonnes gens, les petites gens, qui se tiennent à part,
loin du soleil, voici, du soir au matin, notre humble
prière : « Accordez-nous, grands dieux, une provi-
sion suffisante de beaux volumes qui nous accompagnent
dans notre vie, et nous servent de témoignage après
notre mort ! »*

Combien l'éminent lettré se plaisait dans
son merveilleux cabinet de travail, au
milieu de ses chers livres, si savamment, si
royalement habillés par des artistes tels que
Capé, Niédrée, Duru et Trautz-Bauzonnet !
D'un regard amoureux, attendri parfois,
il contemplait, sans se lasser, cette
nombreuse et brillante réunion d'amis :
de poètes, d'historiens, de philosophes,
d'orateurs, de romanciers, de critiques...
Les volumes multicolores, bien alignés dans

quatre vastes bibliothèques en chêne sculpté,
semblaient reconnaissants d'une si vive
affection et des hommages sincères qui
leur étaient rendus. On eût dit, à les voir
par un jour de soleil, qu'avec leur maître
ils échangeaient des sourires!......

A. Piédagnel

U N

BOUQUINISTE PARISIEN

~~~~~~~~~

LE PÈRE LÉCUREUX

</div>
~~~~~~~~~

UN

BOUQUINISTE PARISIEN

I

Il y a environ deux ans, un brave homme qui fut, durant plus d'un demi-siècle, l'humble providence des bibliophiles et des bibliomanes, est mort, à Paris, dans l'isolement et dans la gêne. Au retour d'un voyage, nous avons appris la triste fin de ce pauvre vieillard. Bien peu de pers sonnes, hélas! ont suivi son modeste convoi; aucun ami des livres ne lui a dit le suprême adieu; aucun journal n'a daigné annoncer, même par une simple ligne, sa disparition de ce monde!

Qu'il nous soit permis de réparer aujourd'hui cet oubli regrettable. Le père Lécureux nous a donné naguère plus d'une joie; il serait vraiment injuste et ingrat de ne point lui consacrer quelques pages sincères. Et, d'ailleurs, une rapide esquisse de cette originale et honnête figure aura peut-être la bonne fortune d'intéresser un moment nos lecteurs.

II

Au n° 20 de la rue des Grands-Augustins, tout au fond d'une cour silencieuse, se trouvait le vaste et poudreux magasin du digne bouquiniste. Sans cérémonie et

à toute heure du jour, on pouvait péné-
trer dans le temple, situé au rez-de-chaus-
sée, en tournant le bouton d'une porte
vitrée dont les carreaux étaient constamment couverts d'une vénérable poussière.
Une marche à descendre, cinq ou six pas
à faire dans une demi-obscurité, et le visi-
teur apercevait ou plutôt devinait soudain le père Lécureux, assis gravement
devant un petit bureau de sapin noirci,
placé près d'une fenêtre ayant vue sur une
seconde cour, où s'étiolaient de compagnie
quelques lilas et un platane, au centre
d'une maigre pelouse. Le bureau vermoulu
était surchargé de registres écornés et de
liasses de papiers jaunis, du milieu desquels
émergeait la tête chenue du bonhomme.
Dans deux grandes pièces contiguës et
peu élevées, l'œil rencontrait partout de
nombreux rayons pliant sous le poids de
volumes brochés ou reliés, et ficelés soi-
gneusement par séries, avec de larges éti-
quettes sur chaque paquet. A terre, près

du seuil, des pyramides de bouquins; sous les tables boiteuses, sur les chaises branlantes, encore des livres empilés; dans les encoignures, tapissées de toiles d'araignées, devant les fenêtres aux vitres verdâtres, tout le long des salles lézardées, toujours des livres et des brochures! De la médecine et du droit, de la théologie et de l'algèbre, de la poésie et de l'histoire, de l'italien, de l'anglais et du grec, du chinois, du latin et de l'allemand, de la musique et de la géométrie, des romans et des contes bleus, de la philosophie et de la critique, des tragédies et des vaudevilles... On trouvait tout (ou du moins des échantillons de tout) dans ce capharnaüm, où il semblait, par exemple, terriblement difficile de circuler. De petits sentiers sinueux y étaient ménagés cependant, mais il fallait, pour s'y reconnaître, avoir une certaine habitude du logis.

Eh bien, ce désordre apparent cachait un ordre parfait. Le père Lécureux, qui, depuis plus de soixante années (il est mort âgé de quatre-vingts ans), vivait au milieu du papier imprimé, possédait une méthode sûre et fort ingénieuse pour s'éviter le moindre embarras. Les diverses éditions d'un même ouvrage étaient réunies chez lui, par ordre de dates, au fur et à mesure de ses découvertes. Il avait disposé, en outre, dans deux boîtes sans couvertures, d'innombrables fiches en carton, — couvertes de chiffres à l'encre noire et à l'encre rouge, de caractères menus, de ratures et de signes hiéroglyphiques, — à l'aide desquelles il savait immédiatement si un auteur quelconque, ancien ou moderne, demandé à l'improviste, dormait dans son obscur magasin, et à quel endroit exact il devait, armé d'une chandelle à la lueur vacillante, aller le réveiller pour satisfaire le caprice d'un client.

III

Nous avons donné une idée du sanc-
tuaire ; voici maintenant le profil du grand-
prêtre. Sec, courbé, de moyenne taille, la
figure parcheminée et sillonnée de rides
profondes, les pommettes saillantes, les
cheveux blancs et assez rares, les yeux vifs
derrière ses lunettes rondes, le nez long et
légèrement busqué, barbouillé de tabac ; la
bouche fine et souvent souriante d'un bon
sourire bien franc, tel était le père Lécureux,
vêtu dès l'aube, l'hiver aussi bien que l'été,
d'une redingote noire lustrée par l'usage,
et dont les manches étroites étaient proté-
gées par des fourreaux en percaline, tachés
d'encre et passablement fatigués. D'une
poche de cette redingote, d'une coupe dé-
modée depuis longtemps, s'échappait à
demi un ample mouchoir à carreaux ; un

gilet noir étriqué, un vieux pantalon de
même couleur, une cravate en soie très-
mûre, entourant un col de chemise en toile
rousse, et des pantoufles de lisière fanées
complétaient ce costume — sans prétention,
on le voit de reste ! Le père Lécureux, en
effet, ne songeait point du tout à s'habiller;
absorbé par ses recherches et ses classe-
ments incessants, il voulait simplement se
couvrir à la hâte et tant bien que mal,
pour se mettre en règle vis-à-vis de la société.

IV

En considérant ce vieillard comme un
bouquiniste vulgaire, on aurait commis à
coup sûr une grave erreur. Il avait au contraire une curieuse et fort utile spécialité ;
il était *unique en son genre,* et c'est pour
cela surtout qu'il a droit à notre souvenir,

disons mieux, à nos regrets. On ne le rem-
placera pas. Le père Lécureux achetait dans
les ventes et en toute occasion favorable,
sans se lasser jamais, des livres *dépareillés*.
Il ne recherchait guère que ceux-là, et c'est
par milliers qu'on les voyait entassés dans
sa modeste boutique.

Les tomes dépareillés, voilà donc ses
enfants de prédilection! Il les adoptait, il
les choyait, pansant au besoin leurs bles-
sures, les cataloguant avec minutie et les
rangeant avec amour.

Ce bonhomme infatigable accueillait
avec le même entrain, dans son bizarre
intérieur, Laclos et Massillon, Coquillart
et Mirabeau, Horace et le chevalier de
Boufflers, Virgile et Fontenelle, Laharpe et
Laplace, Santeul et Vadé, Restif de la
Bretonne et Lamartine, l'*Alcoran* de Du
Ryer et *Madame Bovary*, l'*Encyclopédie*
et l'*Histoire des Peintres*, le *Nobiliaire
universel* et la *Vie des Saints*, Confucius
et Pigault-Lebrun, Voltaire et Fénelon,

Brantôme et Pascal, Cyrano de Bergerac
et Crébillon, Sterne et Diderot, l'abbé
Delille et l'Arioste, Anne Radcliffe et
Mme Deshoulières, Plutarque et Vaugelas,
Homère et Palissot, Chateaubriand et Paul
de Kock, la *Princesse de Clèves* et *Manon
Lescaut,* le *Moyen de parvenir* et l'*Art
d'aimer*... Toutes les langues, toutes les
époques, tous les genres, tous les sys-
tèmes, toutes les études, tous les rêves,
toutes les folies, toutes les audaces, tous les
ridicules, toutes les gloires se pressaient, se
confondaient sans cesse en ce lieu singu-
lier, sous la protection du père Lécureux,
qui arrachait ces débris si divers, ces épaves
de la science et de la littérature, aux marchands de la halle, à l'épicier du coin et
au pilon inexorable !

V

Représentons-nous les cruelles émotions d'un amateur passionné qui a perdu un tome de son cher Montaigne de 1659 ou de son Rabelais de 1741, ou bien (chose plus affreuse encore!) un volume du *Décaméron* de Jean Boccace, édition de Londres, de 1757, ou du Molière, publié par Denys Thierry, en 1682. Voilà donc l'exemplaire incomplet, c'est-à-dire devenu tout à coup presque sans intérêt et sans valeur! A quel saint se vouer? Où chercher, où courir? Quelles perplexités toujours croissantes!... Hélas! la perte sera bien difficile, sinon impossible à réparer, — car le père Lécureux n'est plus là, avenant et alerte malgré les hivers, pour consulter ses fameuses fiches, si riches en révélations — et en consolations!

Combien l'excellent fureteur triomphait
naguère, lorsqu'il trouvait, au milieu d'un
paquet poudreux, le tome tant souhaité !
Il le livrait sans trop exiger en échange,
se souvenant à propos d'avoir acheté à vil
prix, dans un lot, à la salle Sylvestre, dans
une vente après décès, ou même tout simplement, un matin, sur les quais, ce volume
si précieux pour l'amateur rasséréné.

De Paris, de la province et de l'étranger, on venait frapper à l'huis du vieux
bouquiniste, avec empressement, avec con-
fiance, et rarement on s'en retournait les
mains vides. Que d'inquiétudes, de regrets
profonds il a fait disparaître ; que de pures
et durables joies lui sont dues ! Que de
bons livres, spirituels compagnons des
veillées paisibles, il a sauvés ainsi de
l'oubli éternel ! Combien de bijoux littéraires, imprimés en caractères antiques,
sur papier de Hollande, enrichis de fron-
tispices élégants et ingénieux, de portraits
finement gravés ou d'*ex-libris* intéressants,

il a préservés, ce brave homme, de l'horrible pilon aveugle et brutal, toujours prêt à détruire indifféremment l'esprit et la sottise, la science et l'erreur, la grâce et la vulgarité! Et, avec cette pâte nouvelle, que de papier on aurait fabriqué, pour le couvrir ensuite, le plus souvent, d'inepties ou d'insanités!

Oui, certes, il est juste de rendre hommage à cet humble collectionneur, plein d'expérience et d'obligeance, suffisamment instruit et sincèrement honnête, qui, après avoir rendu tant de services aux amoureux du livre, est mort pauvre et presque abandonné.

VI

Le savant, l'amateur, l'écrivain, le professeur, l'écolier, tous les âges, toutes les bourses, toutes les classes de lecteurs, ont été à même de reconnaître la grande utilité du commerce bizarre du père Lécureux. Nous pouvons louer hautement sa politesse, sa patience et son zèle : personne ne lui contestera ces qualités !

Il avait vu dans sa vieille maison plus d'une notoriété littéraire et même plus d'une gloire ! M. Villemain, M. Patin et l'éminent bibliophile M. Brunet le consultaient à l'occasion. Le fabuliste-académicien Viennet venait parfois causer dans le magasin du bonhomme. M. de Chateaubriand le fit appeler à deux reprises ! M. Dupaty, M. Casimir Bonjour et M. de

Jouy (l'*Hermite de la Chaussée-d'Antin*) lui témoignaient un vif intérêt; Guilbert de Pixérécourt, Charles Nodier, Victor Cousin et M. Paul Lacroix ne l'estimaient pas moins. Tout enfant, il avait eu pour voisin le célèbre Latude, qui, chaque matin alors, pour gagner de l'appétit, était heureux de se dégourdir les jambes sur le Pont-Neuf, après « trente-cinq ans de captivité » !

Le père Lécureux aimait à parler de sa jeunesse aventureuse, passée en partie au Mexique (il s'occupait déjà de librairie); il racontait aussi volontiers, avec beaucoup de verve et d'originalité, à ses clients les plus fidèles, des anecdotes inédites sur les écrivains et les amateurs en renom du siècle. Nous nous souvenons de l'avoir écouté avec profit et grand plaisir.

Vers la fin de sa vie, le digne homme était un peu sombre : il avait perdu la foi en l'avenir de son métier.

« Ah! monsieur, nous disait-il amèrement un jour, *on ne complète plus, on réimprime!* » Et il levait les bras au ciel, comme pour le prendre à témoin de l'injustice du sort, de la folie humaine et de sa légitime douleur. En effet, les réimpressions d'ouvrages anciens étant devenues très-fréquentes, très-nombreuses, et cotées à des prix fort abordables, à cause de la concurrence, le travailleur et le lecteur frivole sont maintenant d'accord pour délaisser les exemplaires incomplets des éditions d'autrefois. On rencontre, çà et là, d'aventure, quelques-uns de ces malheureux tomes, exposés, tantôt à la neige, au vent ou à la pluie, et tantôt à l'indiscrète ardeur du soleil, dans les humbles boîtes en sapin, mélancoliquement alignées sur les quais, depuis le Pont-Royal jusqu'au pont Saint-Michel ; — mais, si, tenté de relire un vieil auteur, le passant s'arrête, d'ordinaire il écarte avec dédain l'invalide au costume délabré, pour sourire à la « *nouvelle édition* » en un seul volume, marquée trois francs, et qu'on lui cédera volontiers à moitié prix, pimpante encore dans sa légère robe bleue, gris-perle ou jonquille, — quoique déjà familiarisée, sans doute, avec les façons, parfois un peu cavalières, du couteau de buis ou d'ivoire.

Le bibliophile et le bibliomane demeurent, eux aussi, très-indifférents en présence des débris centenaires dont nous venons d'esquisser les infortunes. Excepté dans les grandes circonstances, où l'on ne veut négliger absolument rien pour compléter un ouvrage d'une rareté exceptionnelle, la persévérance nécessaire fait généralement défaut aujourd'hui.

La collection si curieuse, que le père Lécureux estimait au minimum 30,000 francs, n'a pu être vendue de son vivant, même moyennant une somme infiniment plus modeste. Les libraires de Paris et de la province, pour satisfaire leurs clients, à bref délai, avaient souvent eu recours au bonhomme; mais, lorsqu'il voulut enfin se reposer, aucun d'eux ne consentit à acquérir son fonds. « C'est trop encombrant ! » s'écriaient-ils à l'unisson. — Les pénibles préoccupations que lui donnait une vente, sans cesse rêvée et toujours impossible, contribuèrent certainement à la mort du pauvre vieillard, qui n'encaissait, depuis longtemps, que de maigres recettes, — insuffisantes, dans la dernière année surtout, pour payer un loyer de 1,500 francs.

Aussitôt après le décès de cet humble chercheur *, tous ses volumes, vêtus, pour la plupart, de parchemin, de veau fauve ou de veau racine, étaient livrés en bloc à un marchand de vieux papiers, — à raison de dix centimes le kilo !

Les vénérables bouquins avaient perdu

---

* M. Lécureux, né à Paris, en 1795, y est mort le 18 novembre 1875, après huit jours de maladie. Un bouquiniste du voisinage (son ancien commis) lui a fermé les yeux. Le sympathique libraire a constamment travaillé ; une heure à peine avant de s'éteindre, il signait encore, d'une main défaillante, plusieurs lettres d'affaires, et faisait avec lucidité ses dernières recommandations.

leur ami, leur fidèle protecteur, et ils ne pouvaient, hélas! lui survivre.

Amateurs sincères, bibliophiles fervents, croyez-nous, plus que jamais prêtez à bon escient vos chers livres, car, si, par malheur, des vides venaient à se produire dans leurs rangs, nul ne saurait, comme le père Lécureux, remplacer à propos les tomes disparus!

LE LIVRE

LE LIVRE

A F. FERTIAULT

Vous allez donc parler de lui,
De cet ami vraiment fidèle,
Qui du cœur sait chasser l'ennui,
Donnant toujours fête nouvelle ?

Vous nous direz son vif esprit,
Exempt de morgue et d'hyperbole ;
Comme on le cultive avec fruit,
Comme il charme, comme il console.

Ah! l'aimable et franc compagnon,
Sous bois, en juin ; puis, dans la chambre,
— Porte close au souci grognon, —
Devant un feu clair, en décembre!

On peut le prendre — ou le laisser,
Dédaignant sa verve brillante :
Nul ne risque de l'offenser,
Tant son humeur est bienveillante.

Ami sincère et sans apprêt,
Parfois même il se plaît à rire ;
Conseiller sûr et toujours prêt,
Chacun l'interroge — et l'admire.

De modeste toile vêtu,
Ou couvert de fine dorure,
Il rend au malade abattu
L'espoir qui soudain transfigure.

En vain les hivers passeront,
Détruisant palais et tonnelle ;
Nos enfants le retrouveront,
Plein d'une jeunesse éternelle.

Du causeur cher à nos loisirs,
Racontez la grâce et la gloire!
On lui doit tant de doux plaisirs
Qu'il faut retracer son histoire.

Ce thème est sage et ravissant :
Célébrez l'attrait du bon Livre ;
Il en sera reconnaissant,
Et vous voilà bien sûr de vivre !

Passy, 1876.

APPENDICE

APPENDICE

LETTRE

DE L'ABBÉ MERCIER DE SAINT-LÉGER *.

Publiée dans le *Journal de Paris,* du 11 décembre 1777.

AUX AUTEURS DU *Journal de Paris.*

Vous accueillez, Messieurs, toutes les idées utiles que l'on vous présente; en voici une que je soumets à votre jugement et à celui de vos lecteurs. Il n'y a aucun possesseur de livres qui n'ait dans sa

---

* Barthélemy Mercier de Saint-Léger, célèbre bibliographe, né à Lyon, le 4 avril 1734, est mort à Paris, le 13 mai

bibliothèque quelques volumes dépareillés. Veut-on consulter un ouvrage en plusieurs volumes, presque toujours c'est précisément dans celui qui est égaré que se trouve le fait que l'on cherche. Il faut donc emprunter ce volume, ou le faire chercher, ou se résoudre à acheter l'ouvrage entier, en cédant à vil prix les volumes qui restent. Ces expédients ayant chacun un inconvénient très-réel, on prend le parti de laisser dans sa bibliothèque un ouvrage incomplet, dans l'espérance qu'un hasard heureux pourra quelque jour remplir ce vide; l'occasion ne se présente point, et l'on se passe du livre avec un chagrin qui se renouvelle toutes les fois que l'on en a besoin.

1799. Chanoine régulier de Sainte-Geneviève, il fut nommé en 1760 (en remplacement de l'astronome Singré) bibliothécaire de cette congrégation, à Paris, et reçut du roi, en 1764, l'abbaye de Saint-Léger, à Soissons. On assure qu'il s'était fait genovéfain dans le but de satisfaire plus aisément sa passion pour les livres. En 1772, le savant abbé donna sa démission de bibliothécaire, parce qu'il désirait beaucoup examiner à loisir les riches collections scientifiques et littéraires de la Belgique et de la Hollande. Cet érudit, vraiment infatigable, a montré un grand esprit de clarté dans ses nombreux travaux. On a de lui un intéressant *Supplément* à l'*Histoire de l'origine et des progrès de l'Imprimerie*, de Prosper Marchand (1772, 1775); des *Lettres au baron de H**** (Heiss) *sur les différentes éditions rares du*

Pour remédier à un inconvénient si funeste aux lettres, je désirerois que quelqu'un de nos libraires de Paris s'attachât particulièrement au commerce des *livres dépareillés* de toute espèce. Plusieurs s'adonnent à ce qu'ils appellent *vieille librairie*, d'autres aux livres de Médecine et d'Histoire naturelle ; ceux-ci aux livres de Dévotion, ceux-là aux livres imprimés chez l'étranger. Pourquoi n'y en auroit-il pas au moins un qui s'appliquât d'une manière particulière au commerce des livres dépareillés ? Que l'on ne dise pas que cette espèce de trafic n'appartient qu'aux petits marchands connus sous le nom de *bouquinistes*. 1º Ceux-ci sont très-utiles à la majeure

---

XVᵉ siècle (1783); un *Projet pour l'établissement d'une bibliothèque nationale* (1791). On lui doit en outre plusieurs ouvrages curieux sur la *Bibliographie* de Debure, la Pucelle d'Orléans, l'auteur de l'*Imitation*, etc. L'abbé de Saint-Léger a publié aussi divers extraits des romans du moyen âge, dans la *Bibliothèque des Romans* ; une *Bibliothèque des Romans grecs*, une étude sur le *Testament de Richelieu*, une édition des *Lettres du pape Ganganelli*, des notices et discussions sur des catalogues de livres, etc. Il a écrit bon nombre d'articles pour le *Journal de Trévoux*, et l'a rédigé seul, d'octobre 1764 à juin 1766. Parmi les autres publications auxquelles il a collaboré, il faut mentionner surtout l'*Année littéraire*, le *Magasin encyclopédique* et le *Journal des Savants*.

partie des littérateurs et des bibliophiles, qui peuvent à leur aise examiner un tas de volumes poudreux, et y trouver à bon compte un livre qu'ils chercheroient inutilement chez nos libraires les mieux fournis : aussi, loin de mépriser les bouquinistes, ou de voir tranquillement qu'ils soient molestés ou inquiétés, je voudrois que leur nombre augmentât, et même que leur état fût encouragé et protégé, sauf à prohiber sévèrement l'étalage d'aucun livre contre la religion, les mœurs et le gouvernement. 2° Le libraire qui s'occuperoit spécialement du commerce que je propose, étant une fois connu, tous ceux qui possèdent des volumes dépareillés iroient à lui avec empressement, et, contents d'avoir trouvé un livre qui leur manquoit, loin d'éprouver pour le vendeur un sentiment de mépris, ils ne pourroient que lui accorder de l'estime. 3° Les bouquinistes tiennent, il est vrai, quelques livres dépareillés; mais ces marchands sont répandus dans tous les quartiers de la capitale : combien de temps et quelle patience ne faut-il pas pour se déterminer à visiter leurs différents étaux ! Ne seroit-il pas plus commode d'aller chez un libraire connu ? On auroit bien plus d'espoir d'y trouver ce que l'on cherche, parce que son magasin seroit nécessairement mieux fourni, qu'il s'accroîtroit chaque jour par le moyen des autres libraires et qu'il seroit en peu de temps assez considérable pour donner lieu à une vente journalière dont le produit seroit lucratif pour le libraire, à qui l'acheteur payeroit toujours avec plaisir le prix de la marchandise.

Cet établissement, Messieurs, seroit encore fort avantageux à nos grandes Bibliothèques publiques, qui, comme l'on sait, sont encore plus exposées à égarer un ou plusieurs volumes du même ouvrage. Le libraire des livres dépareillés, ayant pris connaissance des timbres de ces Bibliothèques, reconnoîtroit aisément leurs volumes; toutes les fois qu'il en tomberoit quelqu'un entre ses mains, il en donneroit avis aux possesseurs, et les gens de lettres qui fréquentent les Bibliothèques n'auroient pas si souvent le chagrin d'y trouver des ouvrages incomplets.

Je crois donc, Messieurs, que l'exécution de mon projet seroit utile aux littérateurs et à tous ceux qui ont des livres ; je crois que le commerce des *livres dépareillés* seroit lucratif pour le libraire honnête et instruit qui voudroit s'y adonner, pourvu que ce libraire ne se bornât pas à une espèce de livres et qu'il en eût de toutes les sortes. Si j'ai tort, ma lettre ne sera qu'inutile; mais au moins ne blessera-t-elle qui que ce soit, et aurai-je la satisfaction d'avoir communiqué au public une idée qui m'est commune avec bien des personnes.

J'ai l'honneur d'être, etc.

L'abbé de SAINT-LÉGER.

TABLE

TABLE

DU MEME AUTEUR :

Les Ambulances de Paris pendant le Siége, 1 vol. in-12
elzévir, imprimé par D. Jouaust, sur papier vélin.
Paris, 1871. — 2e édition, 1872.
Ouvrage couronné par l'Académie française.

Tirage à part : dix exemplaires sur papier de Hollande, et un
sur papier de Chine.

Jules Janin (1804-1874), 1 vol. in-18 elzévir, sur papier
vergé, avec un portrait à l'eau-forte, par Flameng.
Paris, 1874.

Dix exemplaires sur papier de Chine, dix sur papier What-
man, numérotés, et un sur parchemin.

Nouvelle édition, très-augmentée, 1 vol. grand in-16,
imprimé par J. Claye, en caractères antiques, sur
papier vélin teinté; avec une bibliographie, un portrait à l'eau-forte, par Boilvin, et un *fac-simile.*
Paris, 1877.

Dix exemplaires sur papier de Chine et quatre sur peau
vélin, numérotés et paraphés par les éditeurs.

J.-F. Millet, *Souvenirs de Barbizon,* 1 vol. grand in-8°,
imprimé en caractères elzéviriens; avec un portrait
par Ad. Lalauze, un frontispice de Félicien Rops,
huit eaux-fortes, hors texte (reproductions d'œuvres
du maître), par Charles Beauverie, Maxime Lalanne,

R. Piguet, Félicien Rops, Ed. Saint-Raymond, Alfred Taiée; et deux *fac-simile* (dessin et lettre autographe). Paris, 1876.

Ouvrage couronné par l'Académie française.

> L'édition se compose de : cinq cents exemplaires sur papier vergé de Hollande, vingt-cinq sur papier de Chine, quinze sur papier Whatman et cinq sur parchemin. — Tous ces exemplaires sont numérotés.

Avril, *Poésies*, avec un frontispice de Giacomelli, gravé à l'eau-forte par Lalauze. 1 vol. grand in-18, imprimé par C. Motteroz, en caractères italiques elzéviriens; titre rouge et noir; encadrement en rouge à chaque page; fleurons style Renaissance, etc. Paris, 1877.

> Il a été tiré de ce livre : sept cents exemplaires sur papier fort de Hollande, cinquante sur papier fort de Hollande (impression en vert), vingt sur papier de Chine et quatre sur parchemin. — Tous les exemplaires de l'édition sont numérotés.

Introductions et Notices — pour la *Chaumière indienne*, les *Lettres portugaises*, le *Diable amoureux*, les *Lettres de Mlle Aïssé*, etc. — (Collection des *Petits Chefs-d'œuvre*, imprimée sur papiers de luxe, par D. Jouaust, dans le format in-16 elzévirien).

EN PRÉPARATION :

Nouvelles et Fantaisies, 1 vol. in-12.

Préfaces — pour des éditions de luxe, avec eaux-fortes, du *Voyage autour de ma chambre*, de *Paul et Virginie*, etc.

EN COURS DE PUBLICATION

A LA LIBRAIRIE ÉDOUARD ROUVEYRE

I, RUE DES SAINTS-PÈRES, A PARIS

MISCELLANÉES BIBLIOGRAPHIQUES, *Abonnement : un an, 6 fr.* — Chaque année formera un beau volume in-8°, imprimé avec luxe sur papier vergé teinté, et sera terminée par une table alphabétique des noms d'auteurs cités et des matières, qui, en même temps que la couverture et le titre (imprimés en rouge et en noir), sera adressée gratuitement à tous nos abonnés.

Le but de ces *Miscellanées bibliographiques*, modeste dans son principe, peut, par suite, devenir plus manifeste, plus vaste, et atteindre à l'autorité, à l'*utile dulci* d'une petite Encyclopédie bibliographique, telle que l'avait conçue et longuement rêvée le doctissime et regretté Quérard. — Sous ce titre, nous entendons grouper à bon escient tous les documents rares ou curieux qui se trouvent épars deci delà, et dont la recherche fatigue même quelquefois l'esprit patient des bibliophiles. Nous choisirons avec soin les questions qui se rattachent le mieux à la Technologie du Livre, à la Bibliognosie et aussi à la Bibliatrique. Sans nous écarter du domaine bibliographique, nous espérons traiter *ex professo,* pour ainsi dire, *de omni re scibili et quibusdam aliis*. Nous serons en tous points net et concis, et réduirons à l'art difficile de faire court des sujets trop souvent noyés dans la diffusion et la prolixité d'un excès de savoir.

Cette publication, paraissant régulièrement chaque mois en manière de livraison, formera annuellement un intéressant volume d'*Analectes* utiles à consulter. Une table analytique des matières et des noms d'auteurs permettra aux chercheurs et aux érudits de puiser dans ce véritable nid à documents précieux avec autant de profit que dans un dictionnaire d'*anas* bibliographiques.

Nous ne limiterons pas notre but au plaisir d'intéresser, d'indiquer les *raræ aves* de la Bibliophilie et de glaner dans le glorieux passé de la Bibliognostique; nous accorderons une place à l'art moderne du Livre, aux Bibliophiles *militants* de Paris, de la province et de l'étranger.

Trouvailles, curiosités, renseignements bibliologiques quelconques, origines ou orthographes de certains mots, éditions douteuses, interrogations de toute nature, seront insérés.

En tout et pour tout ce qui sera du *ressort du Livre*, nous accueillerons les communications qui nous seront faites, nous estimant heureux d'avoir ouvert à nos confrères une libre arène, dans laquelle chacun, à tour de rôle, luttera de savoir, de complaisance ou d'érudition.

Et, maintenant, puisse cette entreprise justifier notre devise de présupposition: *Vires acquirit eundo.*

Le Propriétaire-Gérant: ÉDOUARD ROUVEYRE.

Les numéros parus jusqu'à ce jour contiennent, entre autres articles intéressants :

Livres français perdus, par G. Brunet. — *Du papier*, par Jehan Guet. — *Signes distinctifs des éditions originales de Montesquieu*, par L. Dangeau. — *Remar-*

ques sur *les éditions du* xve *siècle et sur le mode de leur exécution,* par P. Lambinet. — *Du prêt des livres,* par Octave Uzanne. — *De la classification des autographes, des estampes et des gravures,* par Ed. Rouveyre. — *Quelle est la véritable édition originale de « Phèdre et Hippolyte » de Racine ?* par Asmodée. — *Du nettoyage des estampes et des gravures,* par Jehan Guet. — Fac-simile *du titre de la première édition du « Grand Voyage au pays des Hurons »,* par Gabriel Sagard Théodat, 1632. — *Procédé pour raviver l'écriture sur les vieux parchemins.* — *De la multiplicité des livres,* par Van de Weyer. — *L'illustromanie,* par Octave Uzanne. — *Fac-simile de la première page d'un manuscrit d'amour du* xvie *siècle.* — *Souvenir de bibliographie satirique,* par René Kerviler. — *La véritable édition originale des « Caractères de Théophraste » (par La Bruyère) et celle des « Réflexions ou Sentences et Maximes morales » (par le duc de Larochefoucauld),* par Asmodee. — *Les prières de la marquise de Rambouillet,* par Prosper Blanchemain. — *Edwin Tross et ses publications,* par le bibliophile Job. — *Alfred de Musset et ses prétendues attaques contre Victor Hugo,* par Ch. de Lovenjaul. — *Les annotateurs de livres,* par Octave Uzanne. — *Livres à clef,* par le bibliophile Job. — *Les manuscrits du* xviiie *siècle,* par Loys Francia, etc.

LIBRAIRIE ANCIENNE ET MODERNE
ÉDOUARD ROUVEYRE, 1, RUE DES SAINTS-PÈRES, PARIS

VIENT DE PARAITRE

CATALOGUE

DES

OUVRAGES ÉCRITS ET DESSINS

DE TOUTE NATURE

POURSUIVIS, SUPPRIMÉS

OU

CONDAMNÉS

Depuis le 21 octobre 1814 jusqu'au 31 juillet 1877

Édition entièrement nouvelle, considérablement augmentée

SUIVIE DE LA TABLE
DES NOMS D'AUTEURS ET D'ÉDITEURS

Et accompagnée de Notes bibliographiques et analytiques

PAR

FERNAND DRUJON

Cet ouvrage forme un beau et fort volume grand in-8º de plus de 450 pages, et a été publié en cinq livraisons.

La 5ᵉ et dernière livraison contient la couverture et le titre imprimés en rouge et en noir, la préface et la table des noms d'auteurs et d'éditeurs.

Le prix de chaque livraison est fixé ainsi qu'il suit :

     Exemplaire sur papier vélin . . . . 2 »

50   Exemplaires sur grand papier vélin anglais . . } 3 »
     (Numérotés de 1 à 50.)

10   Exemplaires sur papier de Chine . . . . . } 5 »
     (Numérotés de 1 à 10.)

☞ L'acquisition de la première livraison entraîne de la part de l'acquéreur l'obligation de prendre les suivantes.

de Lyon et de Vienne. In-8° (xxiv et 430 pages),
papier vergé teinté, titre rouge et noir.   20 fr.

Orné d'un beau portrait dessiné et gravé par Fugère, d'un
monogramme sur le titre, de plusieurs fac-simile or et noir,
de fleurons et lettres ornées.

Les Clercs du Palais. Recherches historiques sur les
Bazoches des parlements et les sociétés dramatiques
des bazochiens et des enfants Sans-Souci, par A.
FABRE. 2° édition (xxx et 346 pages), papier vergé
teinté, titre rouge et noir.   14 fr.

Orné d'un fac-simile, d'une vignette sur le titre, de fleurons
et lettres initiales.

La Vierge. Type de l'art chrétien, histoire, monuments,
légendes, par Édouard LAFORGE. In-4° (xii et 358 pages),
papier vergé, titre rouge et noir.   25 fr.

Orné de six planches et de nombreux fleurons et lettres initiales.

La Chasse aux mouches d'or, par Joséphin SOULARY.
Petit in-8° (182 pages), papier vergé teinté, titre
rouge et noir.   7 fr.

Orné d'une vignette sur la couverture et sur le titre, d'un
frontispice gravé à l'eau-forte, de cinq encadrements pour les
faux titres et de nombreux fleurons et lettres ornées.

Evvres de Loviʒe Labe, lionnoiʒe. In-12 carré (xiv et
183 pages), papier vergé teinté, titre rouge et noir.
          12 fr.

Orné d'une vignette sur la couverture, d'un magnifique encadrement pour le titre et de fleurons et lettres ornées. (Tiré à
209 exemplaires.)

*Rymes de gentile et vertveuse dame D. Pernette dv
Gvillet, lionnoise.* In-12 (xxii et 94 pages), papier
vergé, titre rouge et noir. Vignettes et lettres
ornées.   7 fr.

Delie, objet de plus haute vertu, poésies amoureuses,

par Maurice Sève, Lyonnais. Petit in-8º (XIV et 222 p.), papier vergé teinté, titre rouge et noir. 25 fr.

Magnifique publication ornée : 1º d'un portrait sur la couverture; 2º d'un autre portrait avec encadrement gravé à l'eauforte par Fugère; 3º d'un blason de Maurice Sève; 4º d'un fac-simile du titre de l'édition originale de 1544; 5º de cinquante vignettes emblématiques avec encadrements divers. Texte imprimé en caractères italiques.

Galerie historique des acteurs français, mimes et paradistes qui se sont rendus célèbres dans les annales des scènes secondaires, depuis 1760 jusqu'à nos jours, pour servir de complément à la troupe de Nicolet, par E.-D. DE MANNE et C. MENETRIER. 50 fr.

Ornée de cinquante-six portraits gravés à l'eau-forte par Fugère. In-8º (VIII et 384 pages), fort papier vergé teinté, titre rouge et noir.

Galerie historique des comédiens françois de la troupe de Voltaire, avec des détails biographiques inédits, recueillis sur chacun d'eux par E.-D. DE MANNE. 50 fr.

Ornée de quarante-six portraits gravés à l'eau-forte, sur des documents authentiques, par Henri Lefort. In-8º (VIII et 426 pages), fort papier vergé teinté, titre rouge et noir.

Galerie historique de la Comédie-Française pour servir de complément à la troupe de Talma, depuis le commencement du siècle jusqu'a l'année 1853, par E.-D. DE MANNE et C. MENETRIER. 50 fr.

Ornée de vingt-huit portraits gravés à l'eau-forte par Fugère. In-8º (VIII et 310 pages), fort papier vergé teinté, titre rouge et noir.

Feu Séraphin. Histoire de ce spectacle depuis son origine jusqu'à sa disparition, 1776-1870. In-8º (336 p.), fort papier vergé teinté, titre rouge et noir. 25 fr

Vignette sur la couverture et sur le titre, portrait et dix vignettes à mi-pages (en-têtes) gravés à l'eau-forte.

Théâtre des Pupazzi, par LEMERCIER DE NEUVILLE. In-8º (XXVI et 144 pages), papier vergé teinté, titre rouge et noir.   30 fr.

> Beau livre avec couverture illustrée, gravée à l'eau-forte par Ad. Lalauze, et orné d'un portrait par Fugère et de dix-huit charmantes gravures à l'eau-forte (vignettes à mi-pages).

Recueil des chevauchées de l'Asne, faites à Lyon en 1566 et 1578, augmenté d'une complainte inédite du temps sur les maris battus par leurs femmes, précédé d'un avant-propos sur les fêtes populaires en France. In-8º (XXIV et 34 pages), papier vergé teinté, titre rouge et noir.   10 fr.

> Avec fac-simile d'un dessin de Pierre Revoil, un fac-simile de titre, et orné de fleurons et lettres initiales.

Les Patenôtres d'un surnuméraire (morale et politique), par Joseph DELAROA. 2e édition. Petit in-8º (XIX et 138 pages), papier vergé teinté, titre rouge et noir.   4 fr.

> Fleurons et lettres ornées.

Le Livre d'or du Lyonnais, du Forez et du Beaujolais. In-8º (VIII et 392 pages), titre rouge et noir. Orné de blasons, fleurons, vignettes et lettres ornées. 15 fr.

Contes et nouvelles en vers, par M. DE LA FONTAINE. Nouvelle édition publiée par N. SCHEURING. 2 vol. in-8º (VIII, 226 et VI, 272 pages), papier vergé teinté, titre rouge et noir.   100 fr.

> Belle publication ornée d'un portrait avec entourage, de deux frontispices, de trente magnifiques planches, de soixante-dix vignettes à mi-pages et de soixante culs-de-lampe, le tout gravé à l'eau-forte. Le titre de chaque fable est imprimé en rouge dans le corps même du texte.

Le Temple d'Avgvste et la nationalité gavloise, par Avg. BERNARD. In-folio (XVI et 172 pages). Accompagné d'une carte de douze planches gravées. 25 fr.

Atlas chronologique des États de l'Église, présentant les modifications territoriales des domaines pontificaux depuis le viiie siècle jusqu'à nos jours (1862), par G. Debombourg, auteur des atlas historiques des départements de l'Ain et du Rhône, membre du Comité d'histoire et d'archéologie de l'Academie de Lyon et d'autres sociétés savantes. In-folio.   8 fr.

20 cartes coloriées avec soin.

Les Origines du théâtre de Lyon. Mystères, farces et tragédies, troupes ambulantes. — Molière, avec facsimile, notes et documents, par Ch. Brouchoud. In-8° (90 pages), titre rouge et noir.   5 fr.

Le Passé, fantaisie en un acte et en vers, par L. Lemercier de Neuville. In-8° (24 pages), papier vergé teinté. Tiré à 225 exemplaires.   2 fr.

Nouveau Dictionnaire des ouvrages anonymes et pseudonymes avec les noms des auteurs ou éditeurs, accompagné de notes historiques et critiques, par E.-D. de Manne. 3e édition, revue, corrigée et trèsaugmentée. In-8° (viii et 608 pages imprimées à deux colonnes).   10 fr.

Essai d'un glossaire des patois de Lyonnais, Forez et Beaujolais, par J.-B. Onofrio. In-8° (lxxxii et 456 p.), titre rouge et noir.   8 fr.

Note sur Benoet du Lac, ou le Théâtre et la Basoche à Aix à la fin du xvie siècle, par A. Joly. In-8° (100 p.), papier vergé, titre rouge et noir. Tiré à 150 exemplaires.   10 fr.

Théâtre lyonnais de Guignol, publié pour la première fois. Deuxième série. In-8° (vi et 362 pages), papier vélin, titre rouge et noir.   10 fr.

Couverture illustrée et dix vignettes (en-têtes gravées à l'eau-forte, par Fugère).

Le même ouvrage, imprimé sur papier vergé de Hollande.   · 20 fr.

> Vignettes à l'eau-forte tirées en rouge.

L'Épitaphe de Triboulet, ensemble le débat du Boucanier et du Gorrier et autres poésies inédites des xv⁰ et xvi⁰ siècles, recueillies et mises en ordre par A. Joly. In-8° (126 pages), papier vergé teinté, titre rouge et noir.   15 fr.

> Orné d'un encadrement pour la couverture, d'un autre pour le titre et de trois autres pour chaque partie de l'ouvrage, de fleurons et de lettres ornées, la plupart imprimés en rouge. (Tiré à 282 exemplaires.)

L'Accueil de madame de la Gviche à Lyon, le lundy vingt-septiesme d'auril M. D. XCVIII, publié iouxte la copie imprimée à Lyon la même année, par M. P. Allut, petit in-8° (xxvi et 72 pages), papier vergé de Hollande, titre rouge et noir.   10 fr.

> Blason, fleurons et lettres ornées.

Mémoires pour servir à l'histoire de l'abbaye royale de Saint-André-le-Haut de ·Vienne, par Claude Charvet, archidiacre de La Tour, publiés pour la première fois sur le manuscrit de l'auteur avec notice, pièces justificatives, figures, blasons, etc., par M. P. Allut. In-8° (xlviii et 220 pages), papier vergé, titre rouge et noir.   15 fr.

Recherches sur la monnaie romaine, depuis son origine jusqu'à la mort d'Auguste, par M. Pierre-Philippe Bourlier, baron d'Ailly. Deux tomes en quatre magnifiques volumes in-4°, papier vergé teinté, titre rouge et noir.   125 fr.

> Ouvrage accompagné de cent treize planches gravées donnant la reproduction de plus de quatorze cents monnaies et celle de sigles et monogrammes.

Études d'histoire et d'éloquence au XIX⁰ siècle. Lord Macaulay, ses essais, ses discours et son histoire

d'Angleterre, par X. Lançon. In-8° (xiii et 236 p.),
titre rouge et noir. Portrait gravé.   5 fr.

Premières Poésies, par A. Villiers, de l'Isle-Adam,
1856-1858. Fantaisies nocturnes. Hermosa. Les Pré-
ludes. Chant du Calvaire. Petit in-8 (180 pages), titre
rouge et noir, papier vergé teinté.   7 fr.

Recherches sur Notre-Dame de Lyon. Hôpital fondé au
vi^e siècle par le roi Childebert et la reine Ultrogo-
the. Origine du pont de la Guillotière et du grand
Hôtel-Dieu. par M. Guiche. In-8° (202 pages), papier
vergé teinté, titre rouge et noir. Ouvrage acc. de 3 pl.
in-fol.   10 fr.

Description du mont Pilat, de Jean du Choul, nouvelle édition, avec la traduction en regard, par
E. Mulsant, enrichie de notes par Alexis Jordan,
Driant et Mulsant. In-18 (76 pages), papier vergé
teinté, titre rouge et noir. Fleurons et lettres ornées.   3 fr.

Le Bien public pour le fait de la justice, par René
Favre, seigneur de la Valbonne et Villaret, etc., baron
d'Aiguebellette, conseiller d'Etat de S. A. R.. sénateur
au souverain sénat de Savoie, et président du conseil
de Genevois. Précédé d'une étude biographique sur
l'auteur et son époque par Humbert Ferrand. In-8°
(138 et 100 pages), papier vergé teinté, titre rouge et
noir. Avec fac-simile, blason, fleurons et lettres ornées.
Tiré à petit nombre.   10 fr.

Les Œuvres poétiques de Marc-Claude de Buttet, Savoi-
sien. Nouvelle édition, avec une introduction par A.
Philibert-Soupé. Petit in-8° (xlii et 402 pages), papier
vergé teinté, titre rouge et noir.   25 fr.

    Orné d'un magnifique encadrement sur la couverture et sur
le titre, d'un fac-simile du titre de l'édition de 1588, de quatre

encadrements pour les faux titres, d'un fac-simile en caractères dits de civilité. (Tiré à 300 exemplaires.) Texte encadré
d'un filet rouge.

*Trésor de la Sainte-Chapelle des ducs de Savoie au châ-
teau de Chambéry,* d'après les inventaires inédits des
xve et xvie siècles. Étude historique et archéologique
par Adolphe FABRE. Deuxième édition. In-8° (VIII et
195 pages), papier vergé teinté, titre rouge et noir,
8 fr.

Orné d'une planche gravée sur bois, de fleurons et lettres
ornées. Imprimé à 300 exemplaires.

Notes sur l'Espagne artistique, par Fernand PETIT. In-8°
(138 pages), papier vergé teinté, titre rouge et noir.
Fleurons et lettres ornées. Imprimé à 500 exemplaires.   3 fr. 50.

Œuvres de Marguerite d'Oyngt, prieure de Poleteins,
publiées d'après le manuscrit unique de la bibliothèque de Grenoble, par E. PHILIPON, avec une introduction de M.-C. GUICHE. In-8° (XXXII et 94 pages), papier
vergé teinté, titre rouge et noir.   8 fr.

Les Vieux Papiers d'un imprimeur, recueil poétique, par
Aimé VINGTRINIER. In-8° (220 pages), papier vergé
teinté, titre rouge et noir, orné d'un encadrement
sur la couverture, de trois encadrements pour les faux
titres et de lettres ornées. Texte encadré.   5 fr.

OUVRAGES DE M. OCTAVE DELEPIERRE.

Macaronéanà Andra overum. Nouveaux mélanges de littérature macaronique. In-8° carré (180 pages), imprimé
sur fort papier vélin, titre rouge et noir, dem. rel.
maroq. tête dorée, non rogné.   15 fr.

Depuis dix ans, les ventes publiques et les journaux con-
sacrés à la Bibliographie ont jeté un nouveau jour sur plusieurs
œuvres macaroniques peu ou point connues. Cette forme de

poésie, cultivée chez tous les peuples civilisés, présente de l'intérêt sous le rapport philologique et même philosophique, ainsi que Nodier l'a fait remarquer plus d'une fois, et elle a cela de particulier qu'elle est comprise par chacun sans qu'il soit besoin d'en faire une étude.

La Parodie, chez les Grecs, chez les Romains et chez les Modernes. In-8º carré (182 pages), titre rouge et noir. 15 fr.

La parodie, fille aînée de la satire, est aussi ancienne que la poésie même. Il est de l'essence de la parodie de substituer toujours un nouveau sujet à celui qu'on parodie; aux sujets sérieux, des sujets légers et badins, en employant autant que possible les expressions de l'auteur parodié.

Histoire littéraire des fous. Petit in-8º (iv et 190 pagés), titre noir et rouge, cartonné, non rogné. 7 fr. 50.

La première section de cet ouvrage traite des fous théologiques; la deuxième, des fous littéraires proprement dits; la troisième, des fous philosophiques; et la quatrième, des fous politiques.

L'Enfer, essai philosophique et historique sur les légendes de la vie future. Petit in-8º (iv et 158 pages), titre rouge et noir. 15 fr.

Visions de Thespésius (Plutarque), de Fursy, de Saint-Sauve (Grégoire de Tours), de Charles le Chauve, de Tondal, d'un chanoine, au sujet de la vie scandaleuse de l'archevêque Udon, d'Engelbrecht, de Swedenborg, etc., etc., avec notes bibliographiques et index.

Analyse des travaux de la Société des Philobiblion de Londres. In-8º carré (viii et 134 pages), imprimé sur fort papier teinté, titre rouge et noir, dem. rel. maroq. tête dorée, non rogné. 16 fr.

Les ouvrages publiés par la Société des Philobiblion sont restés presque inconnus au public, et cependant ils renferment beaucoup de détails littéraires et de matériaux que les curieux seraient charmés de consulter. C'est ce qui a engagé l'auteur à donner l'analyse de 62 de ces ouvrages.

La Particule nobiliaire, par Louis VIAN. In-18 (94 pages),
papier vergé.   3 fr. 50

Ce livre, fait par un ancien référendaire au sceau, traite
avec autant d'érudition que de compétence toutes les questions relatives à la particule DE, DU, DE LA, DES, sous les
points de vue de la grammaire, de l'histoire, de la législation
et de la civilité.

IMPRIMÉ

PAR A. QUANTIN ET Cie

POUR

ED. ROUVEYRE, LIBRAIRE

A PARIS.

—

Le tirage du frontispice a été fait
par A. SALMON.

www.ingramcontent.com/pod-product-compliance
Lightning Source LLC
LaVergne TN
LVHW020547060726
842525LV00004B/1330